国家出版基金项目
NATIONAL PUBLICATION FOUNDATION

记住乡愁

——留给孩子们的中国民俗文化

刘魁立◎主编

第八辑 传统营造辑

本辑主编 刘 托

造桥故事

刘 翛◎编著

黑龙江少年儿童出版社

编委会

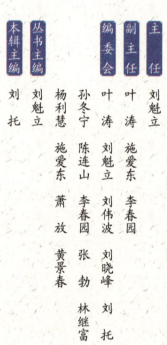

主　任　刘魁立

副主任　叶　涛　施爱东　李春园

编委会　叶　涛　刘魁立　刘伟波　刘晓峰　刘　托
　　　　　孙冬宁　陈连山　李春园　张　勃　林继富
　　　　　杨利慧　施爱东　萧　放　黄景春

丛书主编　刘魁立

本辑主编　刘　托

序

亲爱的小读者们，身为中国人，你们了解中华民族的民俗文化吗？如果有所了解的话，你们又了解多少呢？

或许，你们认为熟知那些过去的事情是大人们的事，我们小孩儿不容易弄懂，也没必要弄懂那些事情。

其实，传统民俗文化的内涵极为丰富，它既不神秘也不深奥，与每个人的关系十分密切，它随时随地围绕在我们身边，贯穿于整个人生的每一天。

中华民族有很多传统节日，每逢节日都有一些传统民俗文化活动，比如端午节吃粽子，听大人们讲屈原为国为民愤投汨罗江的故事；八月中秋望着圆圆的明月，遐想嫦娥奔月、吴刚伐桂的传说，等等。

我国是一个统一的多民族国家，有 56 个民族，每个民族都有丰富多彩的文化和风俗习惯，这些不同民族的民俗文化共同构筑了中国民俗文化。或许你们听说过藏族长篇史诗《格萨尔王传》

中格萨尔王的英雄气概、蒙古族智慧的化身——巴拉根仓的机智与诙谐、维吾尔族世界闻名的智者——阿凡提的睿智与幽默、壮族歌仙刘三姐的聪慧机敏与歌如泉涌……如果这些你们都有所了解，那就说明你们已经走进了中华民族传统民俗文化的王国。

你们也许看过京剧、木偶戏、皮影戏，看过踩高跷、耍龙灯，欣赏过威风锣鼓，这些都是我们中华民族为世界贡献的艺术珍品。你们或许也欣赏过中国古琴演奏，那是中华文化中的瑰宝。1977年9月5日美国发射的"旅行者1号"探测器上所载的向外太空传达人类声音的金光盘上面，就录制了我国古琴大师管平湖演奏的中国古琴名曲——《流水》。

北京天安门东西两侧设有太庙和社稷坛，那是旧时皇帝举行仪式祭祀祖先和祭祀谷神及土地的地方。另外，在北京城的南北东西四个方位建有天坛、地坛、日坛和月坛，这些地方曾经是皇帝率领百官祭拜天、地、日、月的神圣场所。这些仪式活动说明，我们中国人自古就认为自己是自然的组成部分，因而崇信自然、融入自然，与自然和谐相处。

如今民间仍保存的奉祀关公和妈祖的习俗，则体现了中国人崇尚仁义礼智信、进行自我道德教育的意愿，表达了祈望平安顺达和扶危救困的诉求。

小读者们，你们养过蚕宝宝吗？原产于中国的蚕，真称得上伟大的小生物。蚕宝宝的一生从芝麻粒儿大小的蚕卵算起，中间经历蚁蚕、蚕宝宝、结茧吐丝等过程，到破茧成蛾结束，总共四十余天，却能为我们贡献约一千米长的蚕丝。我国历史悠久的养蚕、丝绸织绣技术自西汉"丝绸之路"诞生那天起就成为东方文明的传播者和象征，为促进人类文明的发展做出了不可磨灭的贡献！

小读者们，你们到过烧造瓷器的窑口，见过工匠师傅们拉坯、上釉、烧窑吗？中国是瓷器的故乡，我们的陶瓷技艺同样为人类文明的发展做出了巨大贡献！中国的英文国名"China"，就是由英文"china"（瓷器）一词转义而来的。

中国的历法、二十四节气、珠算、中医知识体系，都是中华民族传统文化宝库中的珍品。

让我们深感骄傲的中国传统民俗文化博大精深、丰富多彩，课本中的内容是难以囊括的。每向这个领域多迈进一步，你们对历史的认知、对人生的感悟、对生活的热爱与奋斗就会更进一分。

作为中国人，无论你身在何处，那与生俱来的充满民族文化DNA的血液将伴随你的一生，乡音难改，乡情难忘，乡愁恒久。这是你的根，这是你的魂，这种民族文化的传统体现在你身上，是你身份的标识，也是我们作为中国人彼此认同的依据，它作为一种凝聚的力量，把我们整个中华民族大家庭紧紧地联系在一起。

《记住乡愁——留给孩子们的中国民俗文化》丛书，为小读者们全面介绍了传统民俗文化的丰富内容：包括民间史诗传说故事、传统民间节日、民间信仰、礼仪习俗、民间游戏、中国古代建筑技艺、民间手工艺……

各辑的主编、各册的作者，都是相关领域的专家。他们以适合儿童的文笔，选配大量图片，简约精当地介绍每一个专题，希望小读者们读来兴趣盎然、收获颇丰。

在你们阅读的过程中，也许你们的长辈会向你们说起他们曾经的往事，讲讲他们的"乡愁"。那时，你们也许会觉得生活充满了意趣。希望这套丛书能使你们更加珍爱中国的传统民俗文化，让你们为生为中国人而自豪，长大后为中华民族的伟大复兴做出自己的贡献！

亲爱的小读者们，祝你们健康快乐！

二〇一七年十二月

目　录

历史回响，世代传扬

| 历史回响，世代传扬 |

远古时期，人类为了生存，在采集和狩猎活动中需要攀缘藤枝，踏石涉水。面对山川大河的阻隔，人们有了跨越和涉渡的想法，产生了架设桥梁的愿望。

当人类能够使用工具采集食物、搭建巢穴时，建造原始桥梁的实践活动就开始了。他们把石块抛入溪流堆成小路，又将足以连通两岸的长木横架于溪水之上成为独木桥。古时自然界的天然桥梁为人类造桥提供了极大的启发。有些天然桥梁至今尚存，如浙江天台山的天然石梁，横跨于飞瀑之上，是天台山上独特的景观。此外，

广西布柳河仙人桥和江西贵溪仙人桥也是天然形成的石

| 天台山天然石梁 |

拱桥。《徐霞客游记》中记载，江西宜黄的石巩寺北面有座天然石峰，它立于小溪上，东西横跨，如飞梁架于半空，让人惊叹不已。

事实上，自然界的天然桥梁不仅被远古人类所利用，至今有些还在被使用。如湖北巴东的龙巢溪上有座飞桥，就是从上游漂来的大树，它横架在溪上，行人通过它顺利渡河。在南方的热带丛林中树蔓丛生，勾挂于树间成为悬索。大藤峡是广西的一处大峡谷，为了渡过峡谷，当地的瑶族人以天然藤蔓为桥。经过长期的实践摸索，人们逐渐把天然藤蔓改建成人工悬索，于是创造了真正的索桥。

有些地方，河面宽阔，河水湍急，偶尔有礁石露出水面，人们希望利用这些礁石涉水过河，便在水中堆积

|广西布柳河仙人桥|

大量石头，形成堤梁桥。大自然的天然桥梁是人类建造桥梁的灵感来源，我们聪明智慧的祖先在充分利用天然桥梁的基础上，开始尝试在需要涉水过河的地方建造人工桥梁。

陕西西安半坡遗址是典型的新石器时代文化遗址。经考古人员考证，在遗址沟底发现的烧焦的圆木，是当时连通沟内外的木桥构件。

春秋战国时期的城周边为了防卫都围以壕沟（护城河前身），人们通过壕沟上搭架的桥出入。随着经济的繁荣和技术的提高，造桥活动日益频繁，出现了许多著名的桥梁，如陕西蓝田蓝峪水上的蓝桥，河南济源溴水上的溴梁（桥）。《水经注》中记载，以前山西汾水河上有座大桥，该桥有30根木质桥柱，柱径1.25米，不难

| 藤网桥 |

想象这是一座规模相当大的木梁桥。

随着铁器的发明，人们有了能够加工石材的铁质工具，木梁桥逐步向石梁桥过渡。这一时期，各种舟船的制造与运用，为搭建浮桥提供了可能。随着编织技术的进步，在山区悬崖深谷、水流湍急的两岸，出现了用天然藤索编织而成的藤网桥，它是悬索桥的祖先。直至春秋末期，木桥、石梁桥、浮桥和利用竹子或牛皮编成的索桥已在黄河流域大量出现。

战国时期，各国经济逐渐繁荣，纷纷兴建水利工程。魏国著名的水利家西门豹在邺邑（今河北临漳）主持了水利灌溉工程，引漳水灌邺田，使盐碱地变成了米粮川。由于12条河渠与驰道相交，因此修筑了 12 座跨渠的桥梁，且沿用至汉朝。

当时的秦国任命了一名叫郑国的韩国水工，开凿了 300 多里①水渠用于灌溉良田，此水渠被命名为郑国渠。郑国渠和李冰父子修建的都江堰一样，都与桥梁建设密切相关。李冰除兴修水利外，也建造了不少桥，最有名的是流经成都等地区的岷江和沱江上的 7 座桥，分别叫冲治桥、市桥、江桥、万里桥、永平桥、笮桥和长升桥。据说这 7 座桥是对应于天上的 7 颗星星而建造的，因而也统称为七星桥。

到了秦汉时期，经济繁荣，国力强盛，桥梁建设活动非常频繁，如汉武帝修建的 500 里长的褒斜栈道就很有名。此外，我国古代最早修建的铁链桥——樊河桥就是在此时期诞生的。这一时期规模较大的建桥活动多与帝王们的政治、军事和游乐活动有关。汉武帝和汉明帝为确保长安与汉中之间交通的便捷，多次修整了陕南的栈道，这一举动使朝廷政令在西南地区顺利施行，促进了巴蜀和西南边远地区的物资交流。

桥梁建筑作为帝都和宫苑中必备的一种交通设施或奢侈品，在秦汉时期所筑的桥梁中占有相当大的比例。汉代的文学家班固在《两都赋》中描绘汉代长安城内车水马龙的盛况时说，城内人

①里，非法定计量单位，1 里 = 0.5 千米。

多得无法回头，车多得不能掉头。灞桥就是这一时期使用石结构和拱券结构建造的著名桥梁。长安城内有16座大桥，城外环城有约7米宽的护城河，为了出入方便，

隋代灞桥遗址

在城门处都架有桥梁与城内大道相连。在城外还有著名的渭水三桥，即中渭桥、西渭桥、东渭桥。中渭桥规模最大，长约524米，宽约14米，分68孔，每孔跨度约7.7米，桥柱子共计750根。考古学家曾在内蒙古和林格尔县的一座汉墓里发现了一幅题名为"渭水桥"的壁画，画中记录了当时木梁桥的真实形象。此外，在画像石、敦煌壁画等绘画作品中也常见各类桥梁的风貌。

在古代，造桥是中央政府和地方官员应办的急务之一，甚至有人把造桥事务的兴废视为是否施行德政和国运兴衰的标志。传说有个叫单子的人，看到春秋时期的陈国田园荒芜，河川上没有架设桥梁，便推断陈国必亡，

两年后陈国果然灭亡了。

唐宋时期，经济繁荣，科学技术突飞猛进，发明了指南针、活字印刷术、火药等，随之带动水利工程、造船业、造桥业等的发展，并取得了空前成就。如北宋汴京流行的采用"筏形"基础和"种蛎固基法"的编梁式虹桥——泉州万安桥，采用"睡木沉基"式基础的泉州金鸡桥，舟梁结合开启式的潮州广济桥，以及我国现存古代最长的石桥——安平桥，单根石梁就有200余吨重的漳州江东桥等。这些桥梁不但在中国建桥史上有重要的地位，在世界造桥史上也享有很高声誉。桥梁的建设促进了地方经济的繁荣，

如福建泉州在宋代建造的大型桥梁多达几十座，总长度50余里。当时有一首赞颂泉州桥梁的诗曰：

跨海为桥布石牢，
那知直下压灵鳌。
基连岛屿规模壮，
势截渊潭气象豪。
铁马著行横绝漠，
玉鲸张鬣露寒涛。
缣图已幸天颜照，
应得元丰史笔褒。

反映出南宋时期泉州桥梁在社会经济活动中所发挥的重要作用。

明清时期是我国古代造桥业的兴盛时期，著名的桥梁有很多，如江西的万年桥、贵州的盘江州桥，四川的泸定桥、云南的霁虹桥等。这一时期更多的是修缮和改造了大量的古桥，并保留了较为完整的施工记录，如《文昌桥志》《万年桥志》《陕西灞浐桥志》等都是珍贵的文献资料。

形态多样，功用各异

| 形态多样，功用各异 |

中国古桥形式多、类型全，按照桥梁的结构与造型特点，可分为梁桥、栈道、拱桥、索桥、浮桥等。其中梁桥又可分为简支梁桥和伸臂梁桥，拱桥中有种叠梁式拱桥。梁桥多分布在北方和东南沿海地区，拱桥多见于江南，索桥集中于西南，伸臂梁桥在西北地区更为常见。

梁桥

梁桥，顾名思义是以"梁"作为桥的主要构件，多平直安放，称为平桥。从"梁"字的构成来看，早先的桥梁多为木制。相传战国时期有座木制梁桥称蓝桥，曾有位叫尾生的男子与意中人相约桥下，意中人逾期未至，恰逢水涨，尾生为表示不失信约和对意中人的痴情，抱柱而死。后来蓝桥一词被比喻为对爱情的忠贞，尾生也被当作守约的楷模。

用木梁、木柱建桥虽然简单易行，但缺点是木料不耐久，易被火焚毁，也难以抵御洪水冲击。后来人们发现石材可弥补木料的缺点，就逐渐用石材代替木料建造出更为耐久的桥梁。著名的灞桥就是一座石柱木梁桥，用4根圆形石轴拼成桥柱，

|浙江鄞州区
百梁桥|

上面架设桥面，虽经过历代重修，但基座仍完好无损，现有《灞桥图说》和古灞桥图石刻为证。浙江鄞州区百梁桥，始建于宋代，明清年间重修，桥长约77.4米，宽约8米。这座桥有6个石磴，桥上修建了21间桥屋，因有100多根木梁而得名百梁桥，现在仍保存完好。比石柱木梁桥更坚固的是石柱石梁桥和石墩石梁桥，现存最多的也是这种桥。

宋代是我国兴建石墩石梁桥较多的时期，在福建沿海地区曾建造了多座大型石梁桥。

在我国现存古代桥梁中，能与安济桥媲美的首推洛阳桥，它是建造最早、规模最大、施工难度最大的古桥。洛阳桥坐落在泉州洛阳江入海口的江面上，这个地方古代叫万安渡，所以又名"万安桥"，始建于北宋时期，修建了7年才竣工。此桥长约834米，宽约7米，共有46个桥墩，还附建了7座石

亭和 9 座石塔，是古代著名的梁式石桥。

洛阳桥是由郡守蔡襄主持兴建的，由于洛阳江入海口的江面非常宽阔，地理条件复杂，水急浪高，桥基的建造不能用传统的打桩和砌筑石墩的方法，因此桥工发明了一种新方法，他们向江里抛掷大量石块形成桥基，再在人工石堤上建造桥墩，并在桥基上养殖了大量牡蛎。

牡蛎是生活在浅海区域的贝壳类软体动物，它的一侧壳体能附着在礁石或别的牡蛎壳上，相互黏结成一体，另一侧壳体则覆盖着自己的软体。牡蛎的繁殖能力很强，成片成丛的牡蛎无孔不入地在海边礁石间密集繁殖，把分散的石块黏结成很牢固的大大小小的蚝山（当地人称牡蛎为蚝）。这充分展示了古代能工巧匠的聪明才智。在铺设桥面时，桥工们把重30吨左右的石梁放在木排上，待涨潮时将木排划入两座桥墩之间，退潮时木排下降，石梁准确落在石墩上。用这个方法，共有300余块石梁被成功地架在桥墩上，完成了桥面铺设任务。

洛阳桥至今已历经900多年，桥中央两侧的中亭内还保留着12块修桥石碑，其中以宋代石刻《万古安澜》最为有名。桥南蔡襄祠内还有蔡襄题写的《万安桥记》石碑。洛阳桥上有500根石栏杆和28只雕琢精致的石狮子，据说这代表参加造桥的500名桥工和28名匠师，他们因洛阳桥而名垂千古。

与洛阳桥齐名的是晋江安平桥，又称五里桥，有"天下无桥长此桥"的美誉。它始建于南宋绍兴八年，横跨在福建晋江安海镇和泉州南安水头镇之间的海湾上。

安平桥用巨大的石梁铺架，每根石梁重25吨左右。桥墩用条石砌筑而成，现存桥墩361个，形式有长方形、半船形和船形。当年桥上曾建有水心亭、中亭、雨亭等5座桥亭，为过桥的人们提供遮风避雨和暂时休息的地方。此外，桥上还有护栏、石将军、石狮子、蟾蜍杆等雕刻。现在桥亭大多已毁，仅存水心亭，亭的四周存有16块记载历代修桥的石碑。桥的入口处现存的六角形五层白塔，高达22米，建筑风格十分古朴。

宋代著名的石梁桥还有漳州的江东桥，桥长约336米，宽约6米。该桥有19孔，最大的孔径约21米，每孔并排3块大石梁，每块石梁重100吨以上，最大的石梁长约24米，宽与高各约2米，重约200吨。如此巨大的石梁在当时如何开采凿制，又如何架设安装，至今仍然是个谜。

用石头和木头做成简单的梁桥称简支梁桥，由于受

远眺泉州安平桥

到石头和木头材料自身抗弯长度和强度的限制，单跨只能达到8米左右，遇到宽度在10米以上的河谷就要在河谷中砌筑桥墩，做成多跨的简支梁桥。在较大的河流中，8米左右跨径的梁桥难

|雅砻江上的伸臂梁桥|

以满足船只通过的需求，多孔的桥墩也不利于排洪。经过反复实验，古代桥工创造了一种悬臂梁桥，即用圆木或方木在两岸纵横相间叠落，层层向河心挑出，当靠拢到仅剩下6米左右的空当时，再用简支木梁搭接成桥。

悬臂梁桥的最大特点是河中没有桥墩支撑桥面。在险谷陡崖的地方架设的这种悬臂梁桥，常常被人们称为飞桥、虹桥。

伸臂梁桥在西北甘肃一带分布很广，著名的有兰州握桥、文县阴平桥等。相传三国时期的魏国大将邓艾领兵偷渡阴平，夺取蜀汉大片土地时，就经过阴平桥。现存的阴平桥是清末时期重建的，由10层递伸的伸臂梁向上累叠，十分别致。

除单孔伸臂梁桥外，也有多孔的伸臂梁桥，多建在河道较为宽阔的地方，如西藏拉萨的积木桥、福建建瓯的平政桥、浙江鄞州区的鄞江桥、湖南醴陵的渌江桥等。一般而言，伸臂梁桥的挑梁挑出的长度越长，挑出的层次越多，桥的跨度就越大，相应地桥台受力也越大，因而必须用大量的石块在挑梁底部填实压住，以免挑梁在跨中受力后致使另一头翘起。古代桥工一般采用在桥台上建阁楼，在桥墩上建造亭子的做法来保持平衡。

侗族风雨桥在侗寨地区非常普遍，桥上建有遮雨的长廊，两旁设有长凳，供行人遮风避雨和休息。风雨桥既承担着交通和驿站的实用

|贵州黎平侗寨村口的风雨桥|

|贵州黎平地坪风雨桥|

|广西三江程
阳桥|

|广西三江程
阳桥|

功能，也是乡民信息交流、聚会娱乐的重要文化场所，侗族乡亲常把民俗活动和祭祀仪式安排在廊桥上。

　　侗族风雨桥一般由石筑墩台、木悬臂托架桥体和梁柱构架的桥廊、桥亭组成。桥的长度大多为40米左右，最长可达80米。桥两侧都设有栏杆或通长格栅窗，桥廊的中部和两端桥墩位置还建有侗族风格的楼亭。风雨桥的外观是屋檐层叠的亭阁，可达7层之多，青瓦白檐，屋脊两端作弯月起翘状，似金凤展翅。

　　1921年建造的广西三江程阳桥，桥长约64米，

宽约3.4米，是座悬臂木廊桥。湖南怀化的普修桥，楼亭顶部都安置了葫芦宝顶，中亭为六角形攒尖顶，凝重浑厚；侧亭是四角形攒尖顶，端庄富丽。楼阁廊檐上绘有许多精美的侗族图案，整个桥面的廊楼建筑造型美观，富有浓郁的民族气息。普修桥在结构上也颇具匠心，整座桥梁全部用榫卯结合方式搭建，纵横交错，复杂严谨，造型优美，是侗族建筑艺术与技术水平的体现，也是侗族传统文化在建筑上的缩影。

侗族的风雨桥在色调上较为古朴淡雅，多采用青瓦白檐，黑白对比强烈，桥身大多不加装饰，与周围环境保持协调，给人清新、完美的视觉感受，与侗族淳朴、自然的民风浑然一体。

栈道

我国是一个多山国家，很多地区都有崇山峻岭、深溪大川，交通不便利，当地的人们便尝试在峭壁上开凿通道，古代称其为栈道。秦汉时期修筑的褒斜栈道自陕西眉县，沿斜水谷北上，穿过秦岭，南沿褒水谷下行，到达汉中的褒城。据说当年由于秦岭的阻隔，秦蜀两地互不相通，秦惠王采用谋士张仪之计，差人送金钱美女哄骗蜀王，让蜀王派力士凿通了山谷。于是险阻不关，山谷不闭，张仪乘机派兵攻入蜀地。

诸葛亮伐魏时曾走褒斜栈道出祁山，他在给其兄诸葛瑾的信中提到赵子龙为防敌军追击，烧坏赤崖以北的

江西三清山栈道

百余里阁道。后来，诸葛亮死于五丈原，魏延退兵，为了安全将栈道全部烧毁。

被修复后的褒斜栈道，未在水中设支柱。往来行人行走其上，横梁因无柱子支撑而震动摇晃，使人心惊胆战。诗人李白在《蜀道难》中曾描写太白山上有一座只有飞鸟才能翻越的山峰，蜀国5名壮士以生命的代价修了一条栈道，黄鹤与猿猴想要借这条险峻、曲折、高不可攀的天梯翻越山岭时都会惊恐万分。由此可见，"蜀道难，难于上青天"。

我国古代的栈道不但数量多，形式也多样，有钎隆、阁道、栈桥、偏桥等多种形式。钎隆就是在悬崖峭壁上凿出的窄道，是古栈道中最常见的，如云南昆明西山上

四川乐山大佛边上的观览道

通往龙门的道路、陕西华山登山的通道、四川乐山大佛边上的观览道等都属于这类形式。阁道的特点是在开凿的石栈道上施加短梁，梁上再铺设木板做成桥面。栈桥是有梁有柱的栈道，一般用横木一端嵌入石壁孔中，另一端支在水中的立柱上，形

如桥梁，褒斜栈道中很大一部分为栈桥结构。偏桥是栈道中断的地方架设的桥梁，起连接作用。还有一种称为依梯的桥，是钉在崖壁上的木梯，称其为天梯也不为过。

拱桥

拱桥在我国起源很早、分布也非常广，汉画像砖中有很多拱桥的图像资料。河南新野县出土的汉代画像砖上就刻有单孔拱桥图，桥上有车马往来，骑手穿梭，桥下有船驶过，由此可以判断拱桥在汉代已颇具规模。相比梁桥而言，石拱桥结构先进，技术含量更高。隋代建造的安济桥是世界上现存最古老的敞肩桥。它不但年代久远，而且造型美观，因被收入小学语文课本中，使其声名远播。

安济桥坐落在河北赵州城南洨河上，故又称赵州桥，是座单孔圆弧弓形石拱桥，桥面较为平缓，便于车马行走。该桥桥长 50 多米，桥

汉画像石中单孔拱桥

汉画像石中多跨拱桥

面宽 9 米多，拱矢的高度约 7 米。在赵州桥的设计与建造过程中，大拱的两肩对称开有 4 个小拱，以增加泄洪能力，不但大大减轻了桥梁的自重，而且省工省料，一举多得。这种在大拱拱肩上垒架小拱的形式被称为敞肩式，在欧洲与赵州桥形式相近的敞肩式桥梁直到 19 世纪才有，比赵州桥晚了 1000 多年。

赵州桥设计巧妙，桥身由 28 道并列拱券组成，桥面两旁设有扶栏和望柱。扶栏上刻有蟠龙、卷叶、花瓣等精美的装饰，望柱上则饰有狮首雕像。

古代拱桥的拱券种类繁多，有半圆、马蹄、全圆、圆弧、锅底、蛋圆、椭圆、抛物线、折边拱券等，其中半圆拱券是用得最为普遍的拱券。锅底拱券又称尖形拱券或桃形拱券，特点是顶部略微收成尖形，实际为两圆心拱，即左右拱心偏离一小段距离，在拱顶便形成尖形。我国古代很多石拱券，乍看是半圆，实际上都是微尖的锅底拱券，以避免半圆拱券在视觉上产生下垂的错觉。若在尖拱的尖部添段小圆弧，就是蛋形拱券，最著名的蛋形拱桥是北京颐和园昆明湖西堤上的玉带桥，桥拱高耸，

配以桥面曲线，造型很优美。

折边拱桥是梁桥向拱桥发展过程中的过渡形式，也可以看作是拱桥的简化做法。折边拱桥的分布极为广泛，遗存颇丰，据说在浙江就有1000多座，单孔跨度最大可达14米，比石梁桥跨度要大得多。如绍兴谢公桥为单孔七边形石桥，长约28.5米，净跨约8米。折边拱桥的拱券边数越多，就越

| 绍兴谢公桥 |

接近半圆拱拱桥。折边拱桥虽然比石拱桥用料省，加工简单，但不如石拱桥坚固，所以多用于跨度不大、荷载较小的桥。

拱券的跨度无疑比梁柱结构的跨度增加了许多，当河面宽阔而单孔跨度又不能满足需要时，多孔连拱桥便应运而生了。多孔连拱桥可以分为厚墩连拱桥和薄墩连拱桥两类。厚墩连拱桥能够充分利用邻孔相互平衡和协同受力的有利条件，一般用在运输量较大、洪水频发的河道。规模最大可至百余孔，如同苍龙偃卧，极为壮观。比较著名的有卢沟桥、双龙桥、万年桥等。

位于北京永定河上的卢沟桥于 1189 年兴建，意大利旅行家马可·波罗曾亲临此桥，称赞它是"世界上最好的独一无二的桥"。该桥全长约 266.5 米，桥面宽约 7.5 米，桥高约 10 米，共有 11 孔，中心孔最大，孔径约 13.45 米，两侧逐渐收小。卢沟桥的桥墩是由巨大的条石砌成，横断面呈梭形，迎水部分砌成分水尖，好像船头。此处安装的三角铁柱，被人们称为"斩龙剑"，用以消解洪水和春冰。桥墩顺水的一面砌成有利于泄水的形状，好像船尾，使水流一出桥洞便被分散，减少洞内水流对桥墩的压力。卢沟桥的桥面根据位置不同分为河身桥面和雁翅桥面。河身桥面坡度平缓；雁翅桥面指两端桥头作喇叭口状，坡度略大。在桥面两侧有雕刻精美

的石栏杆，栏杆的望柱顶端雕有形态各异的石狮子。此外，卢沟桥的桥头还立有形制古朴的石制华表，乾隆所题的《卢沟晓月》碑、《过卢沟桥记事》碑，以及清代康熙、乾隆年间关于修葺此桥的碑记。

我国南方河湖密布，运输多靠船舶，这就要求桥下一定能够行船。为此古代桥工利用拱桥整体受力特点，创造了薄墩连拱桥，不仅减

| 苏州宝带桥 |

轻了每个桥墩上的结构重量，减少了水下作业的艰辛，同时突出了拱桥造型轻巧、优美的特点。如江苏苏州的53孔宝带桥、72孔垂虹桥等。从唐代李昭道在《曲江图》中描绘的3孔石桥来看，我国的薄墩连拱桥要比国外同类桥早上千年之久。

我国古代拱桥以石造的为多，但也有用竹木材料建造的。在北宋汴梁就流行着一种构造独特的木拱桥，因为能够在短时间内建成，被人们称作飞桥，又因其形若彩虹，被称为虹桥。北宋画家张择端所绘《清明上河图》中的虹桥，便是一座规模宏大的木质拱桥，横跨汴河之上。汴河是古代漕运的重要通道，该河中船只往来密集。从图中可见，汴河中船只满

《清明上河图》中的虹桥

载货物往来穿梭，纤夫牵拉，船夫摇橹。桥上人头攒动，两岸酒楼茶馆鳞次栉比，热闹非凡。在虹桥两端桥头各有两根望柱，桥面上每侧有矮柱23根，因虹桥上可以走车，桥面坡度应该不大。

汴河虹桥作为我国木拱桥技术的代表，至今已有近一千年的历史，是中国木结

| 浙江泰顺北涧桥 |

构梁桥独具匠心之作，也是中国古代木结构梁桥的一种特殊结构形式。汴河虹桥的特点是利用木材良好的抗拉、抗压以及抗弯的性能，以层层向前递进的木梁得到较大的跨度。由于木拱桥取材方便，易于加工，所以曾盛行一时。到了南宋时期，这种技术普及到南方，但因木材耐久性差，早期的木拱桥都未留存到现在，现存的

| 福建屏南万安桥 |

木拱桥都是明清时期所建的。

据《庆元县志》记载，宋代以来营造的各式木拱廊桥有 230 多座，主要分布在福建屏南、寿宁、周宁和浙江泰顺、庆元等地。目前闽浙地区遗存的木拱桥仍超百座，其中以明代隆庆年间的溪东桥历史最为悠久，万安桥以其桥长最长排在首位。万安桥全长约 98.2 米，桥面宽约 4.7 米，石砌的桥墩前

木拱桥结构

浙江泰顺
溪东桥

|浙江泰顺北洞桥|

尖后方呈半船形，墩上架构木拱，核心技术称为"编梁"，特点是采用木料交错穿插方式构建稳固的桥梁结构。

木拱桥充分发挥了木材轴向抗压的力学特性，利用木桥受压产生的摩擦力，使构件之间越压越紧，从而取得抗倾斜、抗位移的效果，具有很高的科学价值。造桥工匠在千百年的营造过程中积累了丰富的经验，在材料的选用、结构方式的确定、构件的加工与制作、节点和细部的处理、施工安装等方面都有独特的技艺与方法。为避免风雨侵蚀，也为了增加桥身重量来稳定基础，有些木桥上还建有桥屋，成为廊桥。

索桥

索桥也称吊桥、绳桥和悬桥，是用竹索、藤索、铁索等为主要材料悬吊起来的大桥，多建于悬崖峡谷、急流险滩等不易建造桥墩的地方。索桥首创于中国，是现代悬索桥、斜拉桥的雏形。

索桥按材料可分为藤桥、竹桥和铁桥，形式有单索、双索、多索、单孔、双孔、多孔等。多索桥是我国古代索桥中最常见的，其做法是在两岸建造桥屋，屋内安置系绳的立柱和绞绳的转柱，然后以若干根粗绳索平铺系紧，再在绳索上横铺木板，有的在两侧还分别加一两根绳索作为扶栏。索桥的主体结构材料以承受拉力为主，桥面自然下垂，造型美观。

竹索桥出现在公元前 3 世纪左右。四川的镇关索桥，是一座单孔竹索桥，桥长约 158 米，宽约 26 米，由 22 根粗大的竹绳组成。

铁索桥相传起源于汉代，是由竹索桥、藤索桥发展演变而来的。铁索桥的特点是由铁环相扣连成锁链，加工起来复杂，但承载量较大，大多数为单孔或双孔，也有一些是多孔的。

建于四川都江堰的安澜桥，横跨岷江内外两江，是

| 藤索桥 |

四川泸定桥

连接两岸经济的重要通道。安澜桥为8孔多索桥，桥长约340米，宽约30米，整座桥以24根竹索连成，其中10根为承重底索，底索上铺木板，构成桥面，在木板桥面上有2根压板索，其余12根竹索在两侧作桥栏。安澜桥的始建年代不详，宋代以前称珠浦桥，明末毁于战火，清代重建后改称安澜桥，又称夫妻桥。

关于夫妻桥这种叫法，民间有一个感人的传说。据说以前，岷江中有条恶龙，常常兴风作浪，祸害行人。岷江水急，只有伏龙渡口比较安全，然而渡口却被蛮横的把头和地痞所把持，肆意敲诈勒索。当地有一位叫何先德的青年书生同他的妻子决定建座大桥，百姓听说后纷纷出钱出力。渡口把头担心桥建好后，断绝了自己独霸渡口的财路，对此怀恨在心。当地知县和劣绅互相勾结，中饱私囊，以朽木烂材充数，结果使行将竣工的索桥毁于风雨之夜。把头借此诬陷何先德"草菅人命"，何先德含冤被害。妻子为了给何先德昭雪冤案，继续建桥以实现丈夫夙愿。索桥完工后，起名安澜桥，意在平安渡江。后人为感激何先德夫妻，又称安澜桥为夫妻桥。

现在安澜桥的竹索被改为钢索，承托缆索的木桩桥墩也改为了混凝土桩，它已经成为都江堰的著名景观。

西藏是索桥的故乡。在西藏传说中，有一位杰出的造桥大师，名叫唐东杰布，据说他先后在雅鲁藏布江等河道上建造了 58 座铁索桥和 60 多座木桥。为了修桥造船他曾到处乞讨化缘，收集废铁，募集资金，他还组

| 四川安澜桥 |

|溜索|

织民间艺人编演藏戏来积攒经费。据说现在残存的楚乌里铁索桥就是他的作品。

还有一种溜索桥，又称溜筒桥。溜索桥的特点是将缆索分别系于两岸固定的位置上。如有大树，可盘绕于树上，全靠人力攀缘而渡。

渡河的方法是使用木制的半圆筒状的溜壳子，将自己系于绳子上，然后俯面或仰面滑过。好一点儿的溜索桥还设置牵引索，既可牵引人过江，又能牵渡货物和牲畜。有的溜索采用陡溜的方式，人们可以靠重力滑过溜索。此外，还有上下两根缆索的双索桥，也有"V"字形的三索桥。《藏行纪程》中有关于澜沧江溜索桥的记述，书中写道："命悬一索，一失足则是奔流澎湃，深无底止的江水，惶惶然以身试险，夹索而过，初不慎脱手，吓得不敢睁眼，耳中微闻风声，稍睁眼，只见洪水湍湍，又赶紧闭上，直到对岸才真正敢把眼睁开，坐观行李人马俱已索渡，可算一奇。天下之险恐怕也莫过于此了。"

浮桥

在古代，人们最初是靠船、木筏等工具渡江过河或运载货物。遇上水流湍急或恰逢狂风暴雨，稍有不慎便有船覆人亡、葬身鱼腹的危险。经过不断地摸索和实践，人们创造了用浮桥渡河的方法，即将若干只船排成1列，系上缆索，用锚固定，上铺木板构成桥面，然后就可以安全通行了。浮桥靠浮体漂浮在水面上，浮体通常选用浮力大的木船，此外也有选用木筏、竹筏、牛皮筏等作为浮体的。浮桥的最大优点是施工简便快速，常用于军事目的，历史上有名的浮桥多与战争有关。战国时代的秦国，曾几次在蒲津关（位于今陕西大荔县东）修建浮

|广东潮州广济桥|

桥，都是为了进攻韩、赵、魏等国。公元前541年，秦后子去往晋国，为使车辆快速过河，他曾命人在蒲津关附近的黄河上架设浮桥。公元前257年，秦国又在蒲州（今山西风陵渡地区）附近

的黄河上架设浮桥，用于对晋国开战。宋太祖赵匡胤进兵南唐时，兵至采石矶对岸，天堑挡道，经当地人献计修建了浮桥，大军过桥如履平地，运载辎重的车队也能从容地通过浮桥。由此可见，浮桥的载重量、宽度和整座浮桥的联结强度都达到了较高水平。

建造浮桥除了速度快、施工简便外，其造价费用也很低。此外，浮桥又能随需要迁移桥址，这是其他形式的桥梁无法相比的。浮桥还可以自由开启关闭，这显然有利于通航和军事作战。广东潮州广济桥，两端为石桥，中间为浮桥，浮桥定期开闭，以便通行大船和筏。

广济桥始建于宋代乾道年间，当时取名济川桥，桥

全长 500 多米，由于江心水流湍急不能架桥，所以只能用小舟连接成浮桥。明代宣德十年，潮州知府王源集资重修。为了行人方便，还在桥上修建了 126 间亭屋。桥建好后，更名为广济桥。

广济桥是中国最早的一座有开关活动式的大石桥。它那矗立于水中的桥墩是以花岗石块砌筑而成，大小不一，形态各异，桥中段的浮桥，能开能合。浮桥闭合时，两岸车马行人通过，打开时则可过船，水陆两路交替使用。这种巧妙的设计，在我国造桥史上留下了光辉的一页。清代雍正元年曾在浮桥两端的石桥墩上放置两只铁牛，牛背上镌刻着"镇桥御水"4 个大字，今已不存。传说韩湘子曾在此处留有刻着"洪水止此"4 个字的石碑，因此广济桥又称湘子桥。

赣州有一座古浮桥名叫惠民桥，又称东津桥、东河浮桥和建春门浮桥。浮桥长约 400 米，连接贡江两端，由 100 多只小舟板系上缆绳相连而成，始建于宋代乾道年间，至今还在为赣州市民服务。整座浮桥分为 33 组，用缆绳把它们连接起来，然后用钢缆、铁锚固定在江面之上。赣江水运繁忙的时候，每天都要开启惠民桥，让船只通过，如今此桥已成为赣州的宝贵文物。

较晚时期修建的浮桥中最有名的是黄河上的镇远桥。该桥用 24 艘大船横亘黄河上，桥上架木梁，梁上铺盖木板，两侧设置桥栏。为固定浮桥，桥工在南北两岸立 4 根铁柱和 45 根木柱，又系 2 根铁缆，每根长 380 米左右，另附以棕、麻、草绳等进行绑扎连接。镇远桥冬拆春建，以其雄伟的身姿在当时号称"天下第一桥"。

技术精湛，艺术璀璨

| 技术精湛，艺术璀璨 |

中国古代桥梁不仅满足了人们日常交通需求，反映了我国造桥技术上的卓越成就，也体现了中国传统的审美情趣，无论从布局、造型，还是从用材、装饰等方面，都蕴含着丰富的美学思想和艺术魅力。

与自然和人文环境的和谐

中国古代桥梁，不但桥形多，而且桥姿美，既与山河争奇斗艳，又为自然景色增光添彩。燕赵地区的连拱

| 浙江安昌古镇石桥 |

平桥，横陈于骏马秋风的翼北平原，与山河共其壮阔。水乡泽国的薄拱曲桥，凌波于杏花春雨的江南，更使景色秀丽如画。闽南的石梁长桥，如镇海蛟龙，雄冠一方。西南边陲的悬索吊桥，一线横空似凌云飞渡，给陡峭的峡谷绝涧又平添了几分险峻。

中国的青山绿水加上桥的点缀，恰似锦上添花。我国古代桥梁或建于山麓、平原、水乡，或立于海滨、园林、街市，因环境不同而千姿百态。杜甫的诗句"市桥官柳细，江路野梅香"和白居易的诗句"晴虹桥影出，秋雁橹声来"，都道出了桥

|杭州古运河上的拱桥|

梁的雄姿和景色的美妙。古代桥梁不但是城内的重要交通设施，往往也是古城的风景，彰显古城的特色和风情。北京卢沟桥的卢沟晓月为燕京八景之一，湖南衡阳青草桥为衡阳八景之一，此类胜境不胜枚举。

在中国古代城中，为了满足防御、防火等需要，大多要设置护城河，游赏用的池塘、河渠也兼作防火水源。

后来这些设施逐渐演化为景观的组成部分，对城中的建筑群和环境起到烘托和渲染的作用。如故宫太和门前的金水桥，突出了皇家建筑庄重威严的气势。在寺院前与寺院中也常用桥来制造肃穆庄严的气氛，增加瞻仰者的虔敬心理，如北京古刹潭柘寺就在山门与牌坊之间，架设了石桥，构思十分别致。太原晋祠圣母殿前也有一座

|北京故宫太和门前的金水桥|

|山西晋祠圣母殿前的鱼沼飞梁|

|绍兴八字桥|

石桥，名叫鱼沼飞梁，是一座保存完好的宋代石梁桥，平面为十字形，桥面中部略为升起，两侧下斜如翼，犹如展翅的大鸟。

绍兴八字桥是水乡小桥中的优秀范例，它既满足了居民生活的实际需要，又充分结合了水乡河道的特殊情况。因为该桥跨于3条河流的交汇处，所以采取了灵活布置，桥为东西走向，跨越南北向的主河道，桥东端紧

沿河道向南北两个方向落坡，桥西端又向西、南两个方向落坡，外形如八字，把城市街巷与水道联系在一起。在

桥梁建造过程中，建桥工匠因地制宜，不改街道，不拆房屋，别出心裁的构思与布局令人赞叹。

桥屋建筑艺术

在桥上建房子，构成桥与建筑相互依托的形式，这是中国古代桥梁的一个显著特征。对于木制桥梁来说，桥屋可以起到压实桥基和遮风避雨的作用。位于驿道咽喉处的桥梁，晨暮时分遇有特殊情况可随时封闭桥梁，重要的桥梁还有设卡执勤的需要，桥屋就更不能少。此外，由于桥上有了建筑，既可以休憩，又可以供神敬佛，设宴聚会，于是也产生了专为满足某一功能或同时兼具多种功能的形式多样的桥上建筑。

桥上建筑有亭、廊、楼、阁等多种形式，桥亭主要为了行人小憩和观赏周围风景。颐和园西堤上的练桥桥亭为方形，重檐攒尖顶，檐下有精美的彩绘图画，每两根红色柱子之间设有栏杆、坐凳，桥墩座上装饰着生动的石雕，整座桥亭端庄华丽，惹人喜爱。承德避暑山庄水心榭也是一座构思独到的梁桥，它以河堤为桥体，兼具水闸的功能，桥的中部建长亭，左右建方亭，中高翼低，造型稳重端丽。扬州瘦西湖中的五亭桥由5座桥亭组成，

|江西龙南太平桥|

|扬州五亭桥|

美观。

廊桥的特点是全桥都建有桥屋，且大多是廊与亭或阁的结合，因而常有起伏、虚实的对比，形成变化丰富的造型。在广西和湘西等少数民族地区有很多风雨桥，桥上建有通长的廊屋，桥墩和桥台处加建重檐高阁，变化丰富，伟岸壮观，广西三江的程阳桥可作为代表。在中国园林中，廊桥也是常见的景物，如苏州拙政园中的

桥的平面为工字型，中亭是重檐的四方攒尖亭，4座边亭是单檐四方攒尖亭，它们簇拥着中亭，形成参差错落的轮廓。整座桥亭连同桥体玲珑精巧，虚实相间，十分

小飞虹，就是一座跨于水湾之上的廊桥，桥身微拱，轻若飞虹，桥体小巧玲珑，成为园中别致的一景。

园林中的桥梁

园林中的桥梁是中国桥梁艺术的一个重要组成部分，也是古代桥梁艺术的微缩与概括。中国园林中的桥一方面随景而设，一方面也尽量利用桥梁本身独有的造型魅力为园林增光添彩。

在园林中，常能看到低矮的踏步桥或石板桥，这些小桥不设栏杆，桥身贴近水面，便于游人观赏池中的景物倒影，游鱼穿行于石隙之间，别具情趣。南京瞻园中的石踏步桥和单跨石板小桥，都是用不规则的石块进行不规则的排列，且与周围

睐，如颐和园的十七孔桥，横跨在南湖岛与昆明湖的东岸之间，桥由17个拱券连接而成，全长约150米，桥栏杆柱头上雕刻着544只大小不等、形态各异的石狮，桥的两头还有4只石刻异兽，形象威猛生动。这座桥的外形和柱头的石狮，据说是模仿卢沟桥建造的，其尺度则完全是根据景观需要而设计

环境、道路及山石之间配合得十分协调。扬州何园的石梁桥，其桥柱和栏杆都是用太湖石叠砌而成，桥与假山可谓浑然一体。

园林中的桥梁通常曲折布置，三曲、五曲，以至九曲，如上海豫园九曲桥，一反桥梁便捷通畅的基本要求，巧妙利用游人观赏时间的延长，从而扩展了园林的空间感，产生以小见大、咫尺山林的艺术效果。

拱桥在园林中也备受青

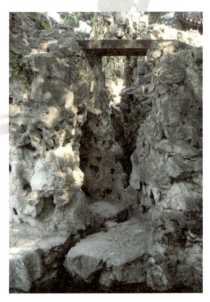

的。无论漫步堤边，还是泛舟湖上，放眼望去，十七孔桥恰如长虹卧波，不愧为湖区的一个重要景点，在中国桥梁史中也占有重要的地位。

玉带桥是颐和园西堤六桥中唯一的拱桥，也是昆明湖中最美丽的桥。玉带桥的桥拱极高而且薄，形如玉带，弧形的线条十分流畅。桥体用汉白玉建造，洁白的桥栏望柱上雕有飞翔的仙鹤，雕工精细，形象生动。半圆的桥洞与水中的倒影，构成一轮透明的圆月，桥栏望柱的倒影，在绸缎般的水面上浮

颐和园玉带桥

颐和园豳风桥

动荡漾，如梦如幻。如果西堤是昆明湖上的一条绿色项链，那玉带桥则好似镶嵌在这条项链上的一颗耀眼的明珠。玉带桥圆形的高拱不仅起着排泄湖水、稳固长堤的作用，还曾是清代皇帝由昆明湖去往玉泉山的水路通道。

除玉带桥外，西堤上还有镜桥、练桥、柳桥、豳风桥和界湖桥，各自都有美好的寓意。

镜桥东临昆明湖、西濒小西湖，桥名取自唐代诗人李白的诗句"两水夹明镜，双桥落彩虹"。练桥桥名取自南朝诗人谢朓的诗句"澄江静如练"，"练"是白色绸缎的意思，这座桥恰似白色绸缎一样铺设在水面上。柳桥的桥名出自唐代诗人白居易的诗句"柳桥晴有絮"，因为西堤遍植垂柳，桥身在摇曳的柳枝中若隐若现，风韵无穷。豳风桥是座重檐长方的桥亭，它那独特的桥体形态与环境有机结合，给游客新奇的感受。界湖桥位于昆明湖和后湖的转折处，以划分湖水得名。西堤六桥除玉带桥外，其余的五座都建有五彩缤纷的桥亭，形态各异、特色鲜明。

西堤六桥丰富了昆明湖的景观层次，使湖外有湖，景中有景，六座桥梁本身也

构成了一条别致的观赏线。从西堤向东远望，湖面开阔、长桥卧波、宫阙错落、景色壮丽；自西堤向西眺望，潋滟的湖水映着湖中的团城岛和藻鉴堂岛，远处的西山、佛塔倒映湖中，景色十分优

颐和园荇桥

美恬静。六座桥梁好似六位仙女，轻挽着西堤这条绿色的飘带，翩翩起舞，一派旖旎风光。

颐和园练桥

文化丰富，底蕴深厚

| 文化丰富，底蕴深厚 |

中国人自古就为桥梁赋予了艺术内涵和美好的祝愿，著名的桥梁总是和重要的历史事件、优美的园池联系在一起，构成古城传奇或小镇故事，承载着人们对往昔的追忆和遐想。在古代社会经济活动中，桥梁也常常扮演重要的角色，其兴废往往是一个地区荣枯的标志。

彰显地域特色

自古以来，灞桥是往返于长安与潼关以东广大地区的商旅运输的必经之路，自汉代起即为关中名胜，每逢春季，微风吹拂桥边古柳，飞絮如雪，游人如织。汉人东出长安，亲友桥头送别，自是离愁别绪，萦回胸间，折柳赠别，黯然神伤。由此，灞桥又被称为"销魂桥"。而折柳赠别也成为关中习俗，历代沿袭，"灞桥折柳"也因此成为汉唐以来离别伤怀的同义语，常见于诗词歌赋。如"年年柳色，灞陵伤别"，或者"秦楚年年有离别，扬鞭挥泪灞陵桥"。宋代词人柳永著名的《少年游·参差烟树灞陵桥》，抒发了他在灞桥与友人分别时的离愁别恨和怀古伤今之情。诗与桥相映，情与景交融，诗因桥出，桥随诗传，感人至深至真。

与秦汉时期桥梁的军事作用相比，唐宋以后桥梁与经济民生的关系愈发密切。苏州自古就多桥，地理环境是主要因素，现存的《平江府》图碑，准确地表现了南宋时期苏州水城的布局特色。整个城市的河道形成了一个完整的交通网络和排水系统。加之城内与城外各乡镇都是河网相连，舟楫相通，构成了古代苏州河网交错、桥梁纵横的景象。白居易赋诗描绘了苏州的美景："远近高低寺间出，东西南北桥相望。水道脉分棹鳞次，里闾棋布城册方。"除了地理因素外，苏州多桥也得益于经济繁荣，苏州郊区地近太湖，土地肥沃，物产丰富，农副业生产兴旺发达，是名副其实的鱼米之乡。经济繁荣催生了建设桥梁的需求，同时也为造桥提供了坚实的物质基础。此外，过隐居生活的离职官吏及富商巨贾云集在苏州，也是这里桥多的原因之一。

苏州古桥到底有多少，唐人说"红栏三百九十桥"，宋人说"画桥四百"，既道出桥梁之多，又透露出桥梁之美。在苏州城内，河道上

苏州山塘街

的驳岸和桥台一般都筑得较高，由于半圆拱桥更便于舟船行驶，故而以石梁桥和拱桥为主。苏州的拱桥都比较陡，注重曲线造型，反映了当时苏州城市文化的特色。虽屡经战乱，到了清末时期，苏州的桥梁还剩下300多座。

关于北京卢沟桥的碑亭里的《卢沟晓月》碑，当地流传着一个故事。据说卢沟桥本是一座神桥，大年三十晚上，站在卢沟桥上能看到月亮，连桥上的石狮子也看得一清二楚，但是只有童男童女和大命之人才有幸看得见。乾隆皇帝听闻这个说法后很激动，他认为自己是大命之人，定能看到这种奇景，于是在大年三十晚上来到卢沟桥，并嘱咐左右熄灭火把，准备赏月。乾隆皇帝在桥上左看右看，却总不见月亮，便申斥宛平县令："怎么回事，不是说大年三十晚上也能看到月亮吗？"县令回答："微臣也只是听说，并未亲眼看过，因为只有大命之人才能看得见。"一句话提醒了乾隆皇帝，他想到自己兴师动众来看月亮，要是说看不见，岂不被人说不是大命之人吗？于是乾隆皇帝屏退左右，自己又认真看了起来。忽然，他对众人说："你们看，就在那里，月亮！"随行的众人应声道："奴才薄命，我等什么也看不见。"乾隆皇帝听后十分得意，令人亮起火把，纸墨笔砚伺候，提笔写了"卢沟晓月"四个大字。

卢沟桥地处入都要冲，建成后，旅客和行人很多，

北京卢沟桥
碑亭

从现存的元代《卢沟运筏图》中可以看到，桥下水流湍急，木筏成排，人们撑筏顺流而下，桥上车骑往来，传递文书的差人骑马疾驰。在桥头两岸，酒亭客舍林立，檐前帘幌高悬。足见当时的繁荣景象。清代官府在此设关抽税，致使民间有了"卢沟桥，卢沟桥，雁过也拔毛"的谚语。随着卢沟桥的兴盛，桥南的长辛镇也逐渐兴旺起来，

镇内开设了许多客栈、车马店等，以便利过桥的客商，小镇名字也随之改为长辛店，并沿用至今。

明清时期，无论是来往的商贩、传递文书的官差，还是赴京赶考的文人学子，凡要进京的过客到了卢沟桥，常在此休息一宿。次日五更鸡鸣时起身赶路，此时的夜色尚未消尽，月朗星稀，雄伟的石桥与月光相互映衬，景色令人难忘。旧时，卢沟桥也是送别友人的地方，午夜从京城出发，走30多里路，到卢沟桥这里已经是落日余晖之时。第二天一早和友人在桥头话别，近看卢沟残月映波，远眺树影婆娑依稀，仰望蓝天疏星淡月，自是感慨万千。

卢沟桥自古就是兵家必

争之地，是享有盛名的古战场之一。抗日战争时期，在卢沟桥桥头留下的枪痕弹孔至今仍保存着。

丰富的文化功能

木拱廊桥造型优美，变化丰富，在多雨的南方，人们行走其中可遮风避雨，因此又被称为风雨桥。木拱桥既有交通和驿站的实用功能，也是社区民众信息交流、娱乐聚会、祭祀祈福的文化场所，起着增进社区民众情感交流和文化认同的重要作用。

廊桥中常设有神龛供乡民祭祀。神龛多设在桥屋当中靠下游一侧，神像面对上游潺潺流水，寓意着神灵能够镇住来水，保佑廊桥平安，寄托着村民对全家幸福安康和来年风调雨顺的祈愿。祭祀的对象有佛教的观世音菩萨，也有道家的土地公、土地婆，还有地方神灵，如临水夫人、马仙姑等。祭祀的时间一般是春节或者每月的农历初一、十五。廊桥在营造过程中也伴随着一系列习俗活动，如择日起工、祭河动工、取币赏众、踏桥开走、上喜梁（桥屋中梁）福礼、圆桥福礼等。此外，村民们

湖南怀化风雨桥桥亭局部

| 风雨桥内景图 |

| 广东潮州广济桥 |

功能越来越丰富多样，有的成了娱乐场所，有的成了集贸市场。如浙江武义熟溪桥，桥上建了49间廊屋，中间为通道，两旁为商贩设摊之所，每逢集市，此桥便成了名副其实的桥上市场。广东潮州的广济桥（湘子桥），更是出名的热闹，当地有一句俗语，说是"到湘不到桥，空到潮州走一遭"。当年桥上楼台相对，木屋鳞次，商

还根据需要成立护桥组织，购置桥山、桥林等，以备日后修复桥梁之需。

由于桥屋的建造，桥的

广东潮州广济桥全景

贩云集，叫卖声、吆喝声不绝于耳，热闹非凡。初到广济桥的人由于淹没在熙熙攘攘的桥市之中，以至连咆哮的春潮都听不到了，或者置身于密密麻麻的店铺之中，以至连宽广的江面也看不清了，逢人便问广济桥究竟在何处，闹出了"到了湘桥问湘桥"的笑话。耸立在广济桥桥墩上的楼阁为酒楼茶肆，也是来往商贾及当地富绅过桥休憩和饮酒作乐的地方。每到夜幕降临，桥上酒肆灯火高悬，楼阁上的醉语笑声、猜拳行令声等与江面夜雾、桥头宁波祠的袅袅香烟混杂在一起，消失在黑暗之中。而江上赶早出海的渔船正拍击江浪，驰向曙光熹微的大海，宛若一幅异彩纷呈的桥市图画。

桥梁的故事与传说

古代的桥梁建设工作虽然艰巨而危险，但建成后则成为当地人的骄傲，而且流传着一些动人的故事和传说，表达了桥工和民众对劳动和智慧的赞美。

赵州桥虽是由著名匠师李春设计建造的，但有一则神话故事说赵州桥是鲁班所造。据说当桥刚造好时，八仙之一的张果老骑着毛驴，柴荣推着小车来到桥头，问鲁班此桥可否经得住他俩通过，鲁班说可以。于是张果老带着装有日月的褡裢，柴荣推着放有五岳的车一起上桥了，桥被压得晃动起来，鲁班急忙跳入河中用手撑住桥身。由于双方用力太大，桥面上留下了驴蹄印、车道沟，拱券上留下了手印。这个神话后来被编成京剧《小放牛》，成为当地人十分喜爱的剧目，现在赵州桥桥南还有鲁班庙和柴王庙的旧址。

泉州洛阳桥工程的浩大与艰苦令人难以想象，桥工们在大桥建成以后甚至不敢相信这座如此雄伟壮观的大桥竟是自己建造的。久而久之，建桥的过程变成了美丽动人的故事。传说郡守蔡襄建桥时苦于波涛汹涌，无法施工，于是给海神写了一封求助信，信写好后问左右谁能下海去送信，正好差官中有个叫夏得海（谐音）的，以为蔡襄在唤他，应声而出。他接过信后才知事情难办，但又不敢回绝，只好饮酒消愁，把自己灌得酩酊大醉，来到海边倒头便睡，一觉醒来发现信已被调换，原来海神已有回信，便赶紧回府呈上。蔡襄启信一看，但见信中只有个"醋"字，一时难解其意，经百般推敲琢磨，终于悟出"醋"字是海神暗示他可在当月二十一日酉时施工。待到那一天，果然海潮退落，风和日丽，经过多个昼夜的紧张抢工，终于建成了洛阳桥。

洛阳桥给人们的生活带来了极大便利，也为当地的经济繁荣作出了巨大贡献。洛阳桥还被编成戏剧《洛阳桥》搬上了舞台，戏中有各行艺人，手持各种彩灯和工具，兴高采烈地过桥的景象。各行艺人还在唱词中表达了因桥受益的感激心情。

丰富多彩的桥梁装饰

在古代桥梁上，有些部位常装饰着有象征意义的雕刻图案，表现祝颂吉祥之意。流行于湖南、湖北、贵州、广西等地的悬臂木梁桥桥廊装饰具有浓厚的地方特色和传统风韵。建于桥上的塔、亭常雕龙绘凤，廊内也有彩画、雕像装饰，所以又常被

湖南花桥

| 赵州桥栏板上
龙石刻 |

称为花桥。

中国的石桥装饰也很丰富，民族特色尤其突出，而且带有浓厚的地方色彩。装饰的内容以禽鸟虫鱼、祥云花卉为主，其中动物类装饰要比花草类装饰更为生动传神，如龙、凤、狮、象、犀牛、兔、猴、狗、马等。人们把这些动物形象装饰在桥上，希望借助它们的威猛来震慑和降伏桥下凶恶的"水怪"。

龙是鳞虫之长，水族之王，在中国古代被人们当作图腾，所以人们常常将龙刻画在桥上以借其神威。桥上雕刻龙饰最恰当的位置是拱脸正中的龙门石上。龙头俯首向下，正视河心，监视着通过桥孔的流水，欲使流水恬静安贴，不让它兴风作浪。人们也因此称这种龙头装饰为吸水兽或戏水兽，实例如赵州桥和卢沟桥。

狮子在古代是毛虫之长、百兽之王，自汉代就从西域传入了中国，而且很快被中国化了。卢沟桥的望柱顶端都装饰了石狮子，千姿百态，难以数计，精湛的石刻艺术也为拱桥增色不少。北京有句谚语："卢沟桥的狮子——数不清。"据说有一次宛平县来了新县令，他听说卢沟桥的石狮子数不清，很不以为然，就把守城的士卒召集起来去桥上数石狮子，说数清了有赏。于是这些士卒就排着队，依次在桥上认真地数了起来，数完后回到桥头一报数，结果每个人都不一样，县令下令重数。然而一连数了3遍，每个人数的数字还是不一样，气得县令亲自数了起来，数了3遍，遍遍不一样，又数了几遍，还是没能数清，弄得他又气又累，只好打道回府。待到晚上，县令越想越气，独自一人来到卢沟桥前。忽然，他听到一阵喧闹声，来到桥头查看，只见许多狮子正在桥上游戏作乐，它们互相追逐，细看之下正是桥上的石狮子。县令这才恍然大悟，明白了数不清的道理，失声道："原来你们这些狮子都是活的啊！"这一喊，吓得石狮子马上各归各位，一动不动了。这个传说实际表达了人们对卢沟桥上石狮子生动活泼的形象和造桥工匠精湛的

卢沟桥石狮子

|卢沟桥石狮子|

雕刻技艺的赞美。

建筑学家罗哲文称赞这些狮子雕刻精美、千姿百态。如果你来到桥上仔细观赏，会发现有的昂首挺胸仰望天空，有的双目凝视桥面，有的侧身转首两两相对，有的在抚育幼狮……桥南边有只石狮子特别有趣，它竖起一只耳朵，似在倾听桥下的潺潺流水，真是活灵活现。

在桥头入口处镇以一对石狮子的例子随处可见，而且形态各异，别具一格，如苏州宝带桥、北京北海堆云积翠桥等。也有在桥的入口处或者柱头上用大象作装饰的，如卢沟桥、升恒桥。犀牛头上有只独角，看上去凶猛彪悍。用犀牛镇水的传统也由来已久，而且人们认为犀牛角可以破水，所以铜犀牛或石犀牛常出现在堤、坝、桥等地方。在颐和园十七孔桥不远处，有只神态生动、栩栩如生的镀金铜牛，它昂首安卧于岸边。当年乾隆皇帝将其点缀于此是希望它能"永镇悠水"，长久地降服洪水，给园林及附近百姓带来无尽的祥福。为了阐述建造铜牛的意义，乾隆皇帝还撰写了一首《金牛铭》，镌刻在铜牛的腹背上，这只铜牛现在已成为昆明湖东岸边独特的人文景观。

桥梁上以植物为装饰题材的也很多，主要是萱草、莲花灯图案。莲花取其出淤泥而不染的品格，用来比喻君子，萱草则取其忘忧之意。这些富有寓意的植物在中国古代装饰题材中被广泛应用，是中国装饰雕刻的艺术特色之一。北京银锭桥的桥台和山东泗水卞桥石拱脚的莲花座都是桥梁雕刻装饰的范例。此外，山西霍县北门外的石桥也是民间装饰雕刻的代表之作，石桥上的栏板花纹或用莲花、如意、万字纹样，或用钟、鼓等纹饰，形式多样且富于变化。桥上望柱顶端的雕刻采用动植物、博古架、几何图案等作为雕刻内容，构图完美，雕刻精细，技法娴熟，让人赞叹不已，流连忘返。

古代中国是世界上文化最发达的国家之一，桥梁建筑作为中国文化的传承载体，几千年来积累了丰富的经验，不但桥梁的结构形式多种多

北京银锭桥的石雕

样，造桥技术也极为精湛和高超。桥工们运用智慧和巧思，将造型艺术融于结构形式之中，使古代桥梁在建筑结构、风格等方面具有鲜明的民族特色，对世界造桥技术及文化产生了积极影响，特别是桥梁与建筑的结合，常造就出一方胜景。

桥梁自古为交通要道的咽喉，关卡作用极为突出，一桥得失关系到一场战役的胜败。桥梁在社会经济活动中也是朝代繁盛衰落的标志。桥梁与市井生活更是有着千丝万缕的联系，不仅是百姓出行必经之路，还是人们庆祝节日、开展祭祀活动的场所。桥梁与自然山水结合，构成特色景观，激发无数文人墨客描绘赞咏，许多诗篇因此而流芳百世。

总之，中国古代桥梁是随着古代文化的发展而发展的，并成为中国古代文化发展演进的晴雨表和里程碑。

图书在版编目（CIP）数据

造桥故事 / 刘儞编著；刘托本辑主编. —— 哈尔滨：
黑龙江少年儿童出版社，2020.2（2021.8 重印）
（记住乡愁：留给孩子们的中国民俗文化 / 刘魁立
主编. 第八辑，传统营造辑）
ISBN 978-7-5319-6528-2

Ⅰ. ①造… Ⅱ. ①刘… ②刘… Ⅲ. ①桥－中国－青
少年读物 Ⅳ. ①U44-49

中国版本图书馆CIP数据核字(2019)第293887号

记住乡愁——留给孩子们的中国民俗文化　　　　　刘魁立◎主编

第八辑 传统营造辑　　　　　　　　　　　　　　刘　托◎本辑主编

造桥故事 ZAOQIAO GUSHI　　　　　　　　　　　刘　儞◎编著

出版人：商　亮
项目策划：张立新　刘伟波
项目统筹：华　汉
责任编辑：宁洪洪
整体设计：文思天纵
责任印制：李　妍　王　刚
出版发行：黑龙江少年儿童出版社
　　　　　（黑龙江省哈尔滨市南岗区宜庆小区8号楼 150090）
网　　址：www.lsbook.com.cn
经　　销：全国新华书店
印　　装：北京一鑫印务有限责任公司
开　　本：787 mm×1092 mm　1/16
印　　张：5
字　　数：50千
书　　号：ISBN 978-7-5319-6528-2
版　　次：2020年2月第1版
印　　次：2021年8月第2次印刷
定　　价：35.00元